Fauj, Farz Aur Mohabbat

Threads of Loyalty and Love

Neha Sharma

BookLeaf Publishing
India | USA | UK

Made with ❤ on the BookLeaf Publishing Platform
www.bookleafpub.in
www.bookleafpub.com

Dedication

This book is dedicated to the silent army, the wives of men in uniform, who live each day with love, sacrifice, and unwavering strength.

To the men in uniform, who guard the nation with unshakeable valor.

To all those ladies who stand as pillars behind their men, walk beside them in unseen ways, bring joy into their lives, and become the warmth of home in their absence.

May these pages give you a sense of connection, familiarity, a glimpse of love, a touch of joy, and a smile that lingers.

Preface

Life in the armed forces is woven with love, courage, sacrifice, and silent strength. Behind every uniform that stands tall at the front, there is a story that beats quietly at home – of waiting, of holding on, of finding joy in fleeting moments, and of building a world with them, as well as in their absence.

This book is a bouquet of emotions and experiences carried by every fauji wife during her husband's service with the forces. Each verse carries within it the echo of partings, the warmth of reunions, the pride of service, and the endurance of love that refuses to fade with distance.

These poems are not just words, but lived emotions – of hope that never surrenders, of faith that never breaks, and of love that grows stronger with time.

I hope that as you read through these pages, you feel the heartbeat of this journey – a journey where distances, relocations, sacrifices and love move together, hand in hand, and where every waiting heart is a silent soldier in itself.

Acknowledgements

This book is not just mine – it is a reflection of all the people and moments that have touched my journey as a fauji wife.

To the Indian Army, for being more than an institution – for being a family that teaches us resilience, adaptability, and pride in every heartbeat.

To the incredible women I have met along the way – fellow Army wives who became sisters, companions in waiting, and pillars of strength. Your kindness, laughter, and quiet courage have been my greatest inspiration.

To the soldiers' families, who carry sacrifice with such grace, reminding me that love is as much about patience as it is about presence.

To my own family and friends, for holding me close even across distances, and for believing in my words before I did.

And above all, to my husband – whose duty to the nation gave me the strength to discover my own voice. This book is as much his as it is mine.

To each person who has been a part of this journey — in small ways and large — thank you for being threads in the fabric of this story. Without you, these poems would never have found life.

1. अटूट

Two souls,
Bonded with love.
Two souls, poles apart,
Only by miles not by heart.

वो हरे रंग की वर्दी, वो स्याही रंग के बूट,
कभी आ जाता है पकड़ में, कभी जाता है छूट,
पल्लव और मूल जैसे, जुड़े एक ही तने से,
एक धरती पर, एक अम्बर में, है रिश्ता इनका भी अटूट।

2. आसमान और ज़मीन

That this man in my life,
Is different from me.
Is the other end of the thread,
But my exilir,
My antidote.

वो आसमान की ऊँचाई नापता है,
मैं ज़मीन की गहराई,
वो बादलों से करता है बातें,
मैं उसकी गैरहाज़िरी की भरपाई, किसे बोलूं तक़लीफ़ क्या है मेरी,
कि जो एक शक्स है, वही मर्ज़ है मेरा, और वही मेरी दवाई |

3. एक रोज़

With eyes immersed in yearning light,
Hoping his well being, his safety through the night.
With whispered prayers upon her lips,
Hoping to be heard and seen.
Never to fight, quarrel or argue,
Before you leave.
Never shall goodbye be spoken,
With words of upset or grief.

एक रोज़ मैंने सोचा, मैं नाराज़ हो कर दिखाऊँ,
दिखाऊँ थोड़ा नखरा, थोड़ा उदास हो कर दिखाऊँ,
पर अब बैठी हूँ राह तकते, क्योंकि वो आया नहीं है वापस,
दिल में लिए उम्मीद, कि कोई हो उसका वहाँ हाफ़िज़,
क्यूँ सोचा मैंने, मैं नाराज़ हो कर दिखाऊँ,
दिखाऊँ थोड़ा नखरा, पर ना कभी उदास हो कर दिखाऊँ |

4. घर

Home is this person for me,
This person who is my center,
My constant,
My anchor.

लोग पूछते हैं, तुम्हारा घर कहाँ है,
मैं बस एक नज़र उसकी ओर देख लिया करती हूँ।
वो कहते हैं तुम्हारा कोई मकसद कहाँ है,
मैं बस एक नज़र उसकी ओर देख लिया करती हूँ।
और जब पूछते हैं कि तुम ठहर क्यों नहीं जाती,
मैं बस एक नज़र उसकी ओर देख लिया करती हूँ।

5. आँखें

A soldier's eyes is a delusion,
They'll lie to you, they are an illusion.
They hide the pain behind the smile,
Helplessness with assurance,
Emotions with strength.
And that's why I stand behind him,
Being his reason of joy,
In his ever expressive eyes.

वो आँखें जो नूर-ए-आफ़ताब देखती हैं,
उन आँखों में मैं बसती हूँ।
वो आँखें जो तकलीफ़ और बेबसी देखती हैं,
उन आँखों में मैं बसती हूँ।
देखती हूँ उसके तासुरत, उसके महसूसात,
इसलिए उन आँखों में बन के मसर्रत, मैं हंसती हूँ।

6. साथी

Covered in the same color,
From tip to toe.
On ground,
In the sky,
Together in trouble,
Against the odds.

हम-वर्दी, हम-रंग, हम-सूरत से ये लोग,
साथ में उड़ते, उठते-बैठते, हम-कदम से ये लोग,
ज़मीन-ओ-फ़लक के मिलने के नाज़िर,
वक्त के साथ और वक्त के खिलाफ, हमकार से ये लोग |

7. मुसाफ़िर

Travelers, wanderers, sojourners,
On journeys to places and people.
Weaving memories with every breath,
Inscribing their tale on endless pages.

हर मकान को हम घर बना लिया करते हैं,
अंजान चौखट को हम दर बना लिया करते हैं,
घूमते हैं लिए बक्सों में जिंदगी,
अपना सा हर क़स्बा, हर शहर बना लिया करते हैं।

8. एक फ़ौजी से मोहब्बत!

It's as difficult as it is effortless,
Experiencing life from king size to a mess.
To love a soldier is never easy,
But is it even love, if it bears no fight,
No sleepless prayers, no restless nights?

एक फ़ौजी से मोहब्बत आसान तो नहीं,
छूटती है कहीं रोटी तो मकान कहीं,
बंट जाते हैं दो हिस्सों में अरमान सभी,
रंग-ए-हयात हो जाती है ख़ाकी दर्री,
और वक़्त बदल देता है पैरों तले की ज़मीन,
एक फ़ौजी से मोहब्बत आसान तो नहीं |

हर लम्हे की कीमत, और वक़्त की कद्र,
बे-इन्तेहाँ मोहब्बत और जुदाई की फ़िक्र,
कभी बेशुमार बातें, तो कभी खामोशी का ज़िक्र,
कभी चर्ख-ए-जिंदगी, तो कभी जैसे वक्त गया हो ठहर |

अंजान कल और यादगार पल के बीच गुज़रती ज़िंदगी,
एक फ़ौजी से मोहब्बत आसान तो नहीं |

9. कभी यूँ करना!

Just stay.
Stay, when I need you and don't say,
Stay, when I lose my way,
Stay, when I give up hope, you be my ray,
Just stay.

कभी यूँ करना, मैं जो ना बोलूँ वो तुम सुनना,
मेरे ख्वाबों के रेशों से, तुम हकीकत बुनना,
और देखना कहीं साथ हो कर भी, मैं हो जाऊँ गुम ना,
कभी यूँ करना, बे-गिनत की भीड़ में, बस मुझे चुन ना |

देखना मेरी ओर बेवजह, और बेवजह मुस्कुरा देना,
अपने तजुर्बे की किताब में, मेरे बचपने को दर्ज़ कर लेना,
चलते हुए राहों में, कभी यूँ ही हाथ थाम लेना,
और जब जंग के हों आसार, तो पहले ही हथियार डाल देना,
कभी यूँ करना, मैं जो हो जाऊँ ख़ाली, मुझे फिर से भर देना |

10. कुछ ऐसे प्यार जताता है!

He speaks of love in ways unknown,
His love is written in silent forms,
His gestures whisper what words cannot,
He has his own language to express,
Feelings are in abundance, even though words might be less.

लफ़्ज़ों में नहीं बताता है, वो कुछ ऐसे प्यार जताता है,
जब ठंड में मैं ठिठुरती हूँ, बाहों की चादर ओढ़ाता है,
कभी होती हूँ उदास, मेरा मनचाहा कुछ पकाता है,
होता है कभी अपने वजूद पर शक, वो मेरा हौसला बढ़ाता है,
और कभी बादल बन बरस जाती हूँ, तो वो धरा बन जाता है,
लफ़्ज़ों में नहीं बताता है, वो कुछ ऐसे प्यार जताता है,
मैं जो हूँ, जैसी हूँ, मुझे वैसे ही अपनाता है |

11. अनकही

In situations so uncertain,
I have no option to choose strength over pain.
Fear is folded, kept closed in the closet,
Hope, faith, belief and prayers are closely held.

लोग पूछते हैं आप डरती नहीं.. तो मैं कहती हूँ..

वो उड़ता है आसमान में, मैं ज़्यादा सोचती नहीं,
वो होता है परेशान, मैं ज़्यादा खोदती नहीं,
मुश्किल है काम या आसान, मैं ज्यादा तौलती नहीं,
हाँ लगता है डर, पर ये मैं खुद से भी बोलती नहीं।

12. पति फ़ौज में

Grass always looks greener on the other side,
Ours have spikes too.

पति फ़ौज में, और बीवी मौज में,
दिखता है मुझे अदनापन उन सब की सोच में,
पहनती नहीं वर्दी, पर उठाती हूँ समर्पण का बोझ मैं,
और चुनती हूँ फिर भी यही जिंदगी हर रोज़ मैं,
उन सब की सोच पर करती हूँ अफ़सोस मैं,
जब पति होता है फ़ौज में, तो बीवी की कश्ती गुज़रती है मौज में।

13. उम्मीद

Hope,
To exist in one time,
To share, speak, listen and wonder,
To witness the warmth of rising sun,
To cuddle up with setting rays,
Hope, to still feel his presence, knowing that everything is secondary, his duty comes first.

सुबह की प्याली तन्हा ही उठती है,
इस उम्मीद में कि नीम-रोज़ में निवाला साथ होगा,
होगा कभी वो साथ, कभी उसका इंतज़ार साथ होगा |

फिर तमन्ना कि ढलती शाम की गवाही दें हम साथ,
कभी धूप, कभी बादल, कभी कोहरा, कभी बरसात,
लेकिन वो मुलाज़िम है फ़र्ज़ का, पहले मुल्क़ है उसका, बाद में जज़्बात |

14. त्यौहार

Celebrate when you can,
Celebrate with or without a reason,
Celebrate because every day is precious,
Celebrate because it's people who needs to be celebrated.

आज घर भरा है महमानों से मेरा,
लोग पूछ रहे हैं, कोई त्यौहार है, क्या दिवाली है?
किस बात की तैयारी है, कोई दावत लगने वाली है?
तो मैंने उनसे कहा,
ये फ़ौज है साहब,
यहाँ जश्न-ए-जिंदगी हर रोज़ होता है,
यहाँ साथ होना ही त्यौहार होता है |

15. रिश्ते का नमक!

We belong to worlds from far ends,
Our love brings us together,
While I love his unspoken ways,
I do wish that sometimes he says.

जितनी मैं ख़्वाबी हूँ, उतना ही वो ज़मीनी है,
जितनी मैं चंचल हूँ, उतना ही वो संगीनी है,
मैं जताती हूँ प्यार बेधड़क, उसकी मोहब्बत की महक थोड़ी भीनी है,
हाँ, वो रखता है बर्करार रिश्ते का नमक, पर बाज़ दफ़ा सुहाती मुझे चीनी है।

16. फ़ौजन

Moulded in metal, steady and true,
A soldier's wife can endure what can be taken only by a few.

किस मिट्टी की बनी होती है एक फ़ौजन,
प्रेम, सहनशीलता, हिम्मत और ढेर सारा समर्पण,
परिवार, फ़र्ज़, धर्म और एक अधूरा सा दर्पण,
सपने, उड़ान, आसमान और छोटा सा मन,
रास्ते, सफ़र, अनेको घर और मीलों फेला रण,

किस मिट्टी की बनी होती है एक फ़ौजन,
फूल, कांटे, धूप और तूफ़ान, खड़ी सदा ही साथ, बिना शक बिना उलझन |

17. कौम-ए-फ़ौज

They March in unison, wearing their olive greens,
They belong to duty, and their duty belongs to them.

मिलती-जुलती सी शक्लें, एक तरीके से कटे बाल,
करना मिट्टी से जुड़ी बातें, देना फ़र्ज़ की मिसाल,

एक हाथ में गिलास और दूजे में अरमान,
सवाल-जवाब कम करना, देना सुनना बस फरमान,
घर की रौनक को रखना सर आँखों पर, छिड़कना उन पर दिल और जान,
हर ख़ातून को देना तवज्जोह, हर स्त्री का करना सम्मान |

मिलते-जुलते से रंग रूप, एक जैसी सी काया और पोशाक,
फ़र्ज़ के प्रति तैयारी और इमानदारी बेबाक |

हरे रंग में सिमटी दुनिया और डुग-डुग करती एक सवारी,
माँगना ना कभी जंग, पर करना हर दिन जंग की तैयारी,
बाहर से हमेशा दृढ़ और दुरुस्त, अंदर से मन चाहे कितना हो भारी,

सिर फ़क्र से ऊँचा और जान हथेली पर, कहना फ़ौज नौकरी नहीं कौम है हमारी |

18. नई-नवेली

Wedded to the man in uniform,
Her life takes, journeys, paths and reforms,
From a newly wed to a lady,
She accepts, values, and treasures how life takes form.

आती है एक जहान से, बनने वो किसी की जान,
बनाती है, सजाती है घर, जो था ख़ाली सा मकान,
कभी बदलती है ख़्वाब तो कभी ख़्वाबों की उड़ान,
अपनाती है एक नई दुनिया, नये रिश्ते, संजोती है नये अरमान |

खुले हाथों से, अतरंगी बातों से, होता है उसका स्वागत,
थामे हाथ अपने साथी का, बदलती सी लाल उसके चेहरे की रंगत,
अपने हाथों से वो सबके लिए पहली रसोई पकाती है,
और देखते ही देखते वो इस परिवार की हो जाती है |

फिर छुट्टियाँ, और तबादले, और बदलते घर,
बदलते लोग, रिश्ते, रास्ते और बदलते शहर,
नीजी और फ़र्ज़ के बीच बनाती वो संतुलन,
हर रंग का करती अनुभव, कभी शांति कभी आंदोलन |

देखती जीवन की धूप, और नयी जगह के लुत्फ़,
समझती हर दिन की कीमत, और लोगों का महत्व,
हर स्टेशन की कुछ ख़ासियत, हर घर की अलग एक जान,
छोटी हो या बड़ी, लोग होते हैं जगह की पहचान |

और फिर धीरे-धीरे जीवन चक्र में घूम जाना,
खेल के मैदान में अगली पीढ़ी को आगे बढ़ाना,
कुछ पल चुरा के चरखे से, करना शाम की सैर,
और हो जाना ज़िम्मेदार किसी के लिए, सुबह, शाम, दोपहर |

सब कुछ करते-करते, अपने लिए भी समय तय करना,
धीमी ही सही, पर अंदर की आग को कभी न बुझने देना,
वक़्त के साथ गहराती उसकी नज़ाकत और अंदाज़,
सालों का तजुर्बा, नपा तुला हर अल्फ़ाज़ |

19. वक़्त-ए-जंग

When they said 'we are at war',
I looked at my man from far,
I tucked my kids near at night,
While the men prepared, ready to fight,
Normal might seem boring to some,
A normal day in our lives is a blessing from above.

जंग का माहोल, दिन-रात बजते सायरन,
हर आहट पर चौंकती रूह, कहीं विस्फ़ोट कहीं फायरिंग,
एक ओर घबराती मैं, दूसरी ओर थामे हिम्मत,
एक ओर जंग को तैयार, दूसरी ओर अमन की चाहत |

समझती हर पल की ख़ासियत, पर बरकरार रखती हर दिन का आम,
जैसे कुछ हुआ ही नहीं, ऐसे करती हर दिन का काम,
बाहों में समेटे बच्चे, ईश्वर को रखती पास,
स्वस्थ सलामत साथ होना ही, होता है सबसे खास |

साधारण सी दिखती हूँ मैं, मेरे मिजाज़-ए-वक्त असाधारण हैं,
जिंदगी को गले लगाने के, मेरे पास अनगिनत कारण हैं,

मेरा घर, पत्थर और शहर तय नहीं करते,
चंद लोग हैं मेरे जो मेरा घर है, मेरा आंगन है |

20. फ़र्क

The distinctiveness makes us unique,
The common things that remains is love and beyond.

मैं पकवान बनाती हूँ, उसे दाल-चावल भाता है,
मैं AC चलाती हूँ, उसे पंखा सुहाता है,
मैं देर तक सोती हूँ, वो सूरज से पहले उठ जाता है,
मैं बादशाह गुनगुनाती हूँ, वो गीत और ग़ज़लें गाता है |

देर हो जाएगी बोल कर, कभी जल्दी आ जाता है,
और जल्दी आऊँगा बोल कर, आना ही भूल जाता है,
छुट्टियों में भी, सुबह ना चैन से सो पाता है,
ना जाने क्या काम होता है दुनिया जहान का, जो इतनी खटर-पटर मचाता है |

मैं बोलते बंद नहीं होती, वो बस आँखों से सुनाता है,
मेरी हंसी की आवाज़ गूंजती है, वो धीमे-धीमे मुस्काता है,
भटक जाती हूँ कभी जीवन की भाग दौड़ में,
वो आइना बन, मुझे खुद से मिलाता है |

21. हाँ मैं लिखती हूँ!

When they ask,
Do I write?
I let the silence speak,
For them to read,
What's unwritten.

हाँ मैं लिखती हूँ,
जब लफ़्ज़ों में बयां नहीं कर पाती तब लिखती हूँ,
जब अपना काम ज़ुबान नहीं कर पाती तब लिखती हूँ,
जब खुद को हम-इंसान नहीं कर पाती, तब लिखती हूँ।

www.ingramcontent.com/pod-product-compliance
Lightning Source LLC
LaVergne TN
LVHW022032200926
848481LV00007B/2652
* 9 7 9 8 9 0 0 8 1 2 1 7 5 *